Rômulo B. Rodrigues

CURSO DE REGRESSÃO HIPNOSE TVP TMS

São Paulo/SP

1ª Edição - 2018

amazonkindle

RODRIGUES, Rômulo Borges. CURSO DE REGRESSÃO, HIPNOSE, TVP, TMS /Rômulo Borges Rodrigues. Amazon. 2018. São Paulo/SP

Impresso pela Amazon – 2018.

2018. Escrito e produzido no Brasil.

1.Hipnose. 2. Regressão de memória. 3. Desenvolvimento pessoal. I. Título.

ISBN 978-1549560392

COORDENAÇÃO:

Rômulo B. Rodrigues

E-MAIL: romulobr@outlook.com

FACEBOOK: http://facebook.com/romuloborgesrodrigues

CONTEÚDO PROGRAMÁTICO

MÓDULO I - Hipnose e regressão 07

MÓDULO II - Histórico 12

MÓDULO III - A prática da hipnose moderna 23

MÓDULO IV - Níveis de transe hipnótico 25

MÓDULO V - Introdução (Indução aos dois exercícios), Os espelhos do tempo, exercícios de regressão 32

MÓDULO VI - Exercícios de regressão 38

MÓDULO VII - Regressão através do tempo 44

SOBRE O COORDENADOR 51

MÓDULO I

Hipnose e regressão

Hipnose, segundo Pieron — Sono artificial provocado seja por um medicamento (hipnótico), seja por manobras de sugestão (hipnotismo).

O hipnotismo é conjunto das técnicas obstinadas a provocar, por meio de mecanismo de sugestão, o sono artificial (letargia), assim como um estado especial de rigidez muscular (catalepsia), ou ainda, certos atos (sonambulismo provocado), auto-hipnose e a habilidade individual para se colocar em um estado de hipnose conduzido o próprio transe.

Regressão, segundo Pieron - Defesa contra uma frustração pelo retorno a uma modalidade de comportamento e de insatisfação anterior.

A regressão a vidas passadas, ou há anos atrás ou à época atual é constituída de fragmentos da memória real da experiência humana do passado para o presente.

Na terapia de regressão o terapeuta investirá um bom tempo levantando a história do paciente, fazendo perguntas, entrando nos detalhes em áreas particulares importantes. Depois que o cliente voltar da regressão é necessário um diálogo com o terapeuta para que seja eliminada a carga emocional.

Catarse - Reação emocional exagerada. Esta palavra significa literalmente "purgação" e descreve o processo de liberar energia emocional reprimida ou retida. Isto é normalmente efetuado por re-experimentação e discussão das recordações dos eventos causais.

Mecanismo de defesa - Normalmente associada com o "sensor" é uma estratégia psicológica para impedir que qualquer material de cunho doloroso, reprimido ou desagradável possa vir à consciência, onde poderia ter que ser enfrentado.

Sugestão, segundo Pieron - Termo da linguagem comum, com significados variados e imprecisos. Geralmente, em Psicologia, diz-se que um indivíduo sofre uma sugestão quando tem uma ideia, adota uma crença, evidencia uma tendência sem perceber que essa ideia, crença ou tendência, na realidade se originou de uma ação exterior direta ou de vontade alheia.

Hipnose - Qualquer procedimento que venha causar, por meio de (sugestões) mudanças no estado físico e mental. Aqui trabalha-se com o estado mental e não com a hipnose de palco.

A hipnose é alcançada através de uma concentração, normalmente através da voz suave e monótona do hipnotizador.

Hipnose é um estado de atenção focalizada e concentrada, obtida por meio da monotonia e restrição da atenção isolada e rítmica.

A sugestão seria uma comunicação que evoca uma resposta involuntária que reflete o conteúdo da comunicação.

Algumas vezes é difícil definir o limite entre o estado de vigília e o hipnótico. É uma característica do cérebro humano que tende a transformar em atos, sentimentos ou estados de consciência duráveis, qualquer ideia, imagem ou impressão aceita pelo inconsciente.

Nas técnicas de indução é bom que o repertório seja versátil enfocando os cinco sentidos (visual, auditivo, sonoro, e assim por diante).

Usam-se normalmente quatro tipos na técnica de indução:

1- *Paternal* - baseado na autoridade do papel do hipnotizador, e na obediência do cliente. Caracteriza-se pelo tom impositivo, imperativo, firme, autoritário, e pela indução em curto tempo. A figura do "pai" de então era daquela que pouco tinha a dizer ao filho, e queria ser obedecido em poucas palavras.

2- *Maternal* - Caracteriza se pela doçura no tom de voz, pela suavidade e prolongamento do processo indutivo, pela ênfase na proteção e no afeto.

3- *Fraternal* - Caracteriza-se por uma linguagem voltada para o espírito de colaboração, de participação recíproca, de imitação de compartilhamento.

4- *Social* - Reporta-se às necessidades gregárias inatas da espécie humana, as pressões do grupo, do público ou de um acompanhamento (técnica de palco).

MÓDULO II

Histórico

A utilização de estados hipnóticos esteve presente em toda história da humanidade, desde a mais remota Antiguidade. Nas culturas antigas, forma análoga à prática da hipnose foi o método mais antigo de cura utilizada pelos sacerdotes. O uso de cânticos, tambores, danças e rituais monótonos individuais ou em grupo, que causavam alteração na consciência ou percepção se encaixa na definição de hipnose. Tais métodos foram usados com sucesso por druidas, vikings, yogues hindus, feiticeiros e homens iluminados de todas as religiões e denominações durante séculos. O transe era considerado como devido á possessão de espíritos ou demônios. Povos como os egípcios, caldeus, babilônicos e gregos já faziam uso dela.

Em 496 d.C. diz-se que o rei Clóvis, da França, curou um súdito colocando suas mãos no pescoço dele e proferindo a frase *"Eu te toco e Deus te cura"*, a partir daí, o "toque real" curativo passou a ser praticado. Mas há quem defende que foi Edward, o "Confessor" quem introduziu a idéia do "toque real" na Inglaterra. Foi reconhecido até mesmo pela Igreja da Inglaterra, e um procedimento para a cerimônia foi criado. Um capelão sempre estava presente a citar uma passagem da Bíblia. Gradualmente, a idéia começou a se espalhar e até mesmo as pessoas comuns começam a praticar a cura pelo toque. Puro efeito da sugestão (ou se preferir, da fé).

Mesmer

As experiências modernas com hipnose e estados de transe começam com Friedrich Anton Mesmer (1734-1815). A partir daí, a prática da "imposição das mãos" que passou a ser chamado de "toque terapêutico". Em 1774, Mesmer começou a propagar a sua teoria do magnetismo animal que se resume no seguinte: A doença resulta da freqüência irregular dos fluidos provenientes dos astros celestes e a cura depende da regulagem adequada dos mesmos, com ajuda de uma pessoa que tenha a habilidade de controlar esses fluidos e transmiti-los aos outros, utilizando a imposição das mãos (ou passes), ao qual ele chamou de "magnetismo animal", devido às suas características de fluxo e refluxo, atração e repulsão, semelhante ao magnetismo mineral.

Ao entrar em contato com esse "fluido" o indivíduo entraria em "crise" (convulsões) - sem a qual não seria produzida a cura.

Mesmo após sua morte, Mesmer continuou a influir no mundo ocidental, por meio de suas idéias: sua descoberta chamou a atenção de vários pesquisadores e cientistas, e suas teorias e métodos continuaram a ser empregados por seus seguidores e os seus inúmeros discípulos (chamados "mesmeristas" ou "magnetizadores") e admiradores continuaram a sua obra. Após a partida de Mesmer de Paris, grupos de entusiastas formavam sociedades "de harmonia" para estudar o fenômeno de mesmerismo.

Puységur

O marquês Armand Jacques Chastenet de Puységur (1751-1825) abraçara as idéias de Mesmer. Certa ocasião, Puységur foi procurado para socorrer um jovem pastor, de 18 anos, chamado Victor Race, que sofria de dores nas costas, respirava com dificuldade e necessitava de ser tratado pelo marquês. Este lhe aplicou os passes magnéticos, como era de praxe. Qual não foi a surpresa de Puységur quando, em lugar das reações costumeiras (espasmos, convulsões etc.), o paciente mergulhou tranquilamente em sono profundo. O marquês ordena-lhe, então que se levante. Para sua maior surpresa, o rapaz ergue-se dormindo e, de olhos fechados, perambula pelo quarto como se estivesse acordado e de olhos abertos. Comportava-se como um sonâmbulo denominou o fenômeno "sonambulismo artificial" ou "sono magnético", e descobriu o estágio mais profundo do transe hipnótico, que até hoje é chamado de sonambúlico.

Abade Faria

Abade José Custodio de Faria (1756-1819), um monge português que na verdade - nunca foi abade, mas ficou conhecido como Abade Faria em virtude de um dos personagens do famoso romance de Alexandre Dumas "O Conde de Monte Cristo." Usava o "mesmerismo" para aplicações de anestesia cirúrgica. Foi o primeiro a proclamar que a causa do transe é obtido por recursos do paciente e não era devido a qualquer influência magnética do operador. Concluiu que o paciente era conduzido ao que ele chamava de "sonho lúcido", por sua própria vontade e pelo poder da sugestão.

Elliotson

O Dr.John Elliotson, eminente médico inglês, um dos homens mais brilhantes na história de medicina inglesa, professor de medicina na Universidade de Londres e presidente da Royal Medical Society, e um dos Fundadores de Hospital de Faculdade Universitário. Introdutor do estetoscópio na Inglaterra, além dos métodos de examinar o coração e o pulmão, ainda em uso. Em 1846 fundou posteriormente o Mesmeric Hospital, em Londres, o que influenciou surgirem outros em diversas cidades inglesas e no mundo afora, como Edimburgo e Dublin.

James Esdaile

Porém, o mais impressionante é o episódio do Dr.James Esdaile (1808-1859), nascido em Perth, na Escócia. Formou-se em medicina (cirúrgica) em 1830 e foi exercer a sua prática clínica na índia, como médico da "British East India Company", onde realizou importantes intervenções cirúrgicas durante a guerra na Índia, utilizando-se do "mesmerismo", inclusive 19 amputações, apenas sob o efeito da anestesia "mesmérica" (é interessante lembrar que naquela época não se conheciam ainda os antibióticos nem a anestesia química, pois o éter e o clorofórmio ainda não eram conhecidos como agentes anestésicos) e muitas cirurgias foram realizadas sem a devida assepsia. Publicou o livro Mesmerismo, na Índia em 1850. Seu lugar na história do hipnotismo é justificado como exemplo de pioneirismo na luta pelo reconhecimento do mesmerismo como coadjuvante valioso da cirurgia.

James Braid

Dr. James Braid (1795-1859), famoso cirurgião oftalmologista e médico general de Manchester, Inglaterra, ele intentou dar uma interpretação neurofisiológica ao antigo fenômeno do sonambulismo-magnetismo. Escreveu vários livros, porém o mais importante foi publicado em 1843: Neurohypnology or the Rationale of Nervous Sleep Considered in Relation With Animal Magnetism, (Neurohipnologia, ou a Racionalidade do Sono Nervoso Considerado em Relação com o Magnetismo Animal), nesta obra lançou os primeiros termos da nomenclatura agora usada, cunhando o termo Hipnotismo, do grego Hypnos, que significa sono e simbolizava o deus do sono na Mitologia Grega, batizando inicialmente como sono neuro-hipnológico, termo passará a ser amplamente empregado cerca de 30 anos após sua publicação.

Braid inicialmente definiu o fenômeno como um estado particular de "sono do sistema nervoso". Dessa forma, o termo hipnose ficou erroneamente associado à idéia de sono. Logo depois de haver cunhado este termo se arrependeu, pois percebera que cientificamente a hipnose não poderia ser comparada ao sono, sendo um estado justamente oposto ao sono, de intensa atividade psíquica e mental, pois a experiência mostrava que muitos dos fenômenos mais espetaculares do estado hipnótico, tais como a analgesia e a catalepsia poderiam ser obtidos em indivíduos que conservavam os olhos abertos e a aparência de estar despertos com Braid (considerado o pai do hipnotismo), iniciou-se, pois a fase científica do hipnotismo.

Liébeault

Dr. Ambroise Auguste Liébeault (1823-1904), um médico da zona rural da França. Para Liébeault, o fator hipnotizante não estava ligado a uma causa física (como posteriormente afirmava Charcot), mas sim psicológica.

Explicava seu êxito terapêutico pelo fenômeno da sugestão, que podia mobilizar a atenção do paciente sobre alguma parte de seu corpo.

Bernheim

Hyppolite Bernheim, considerado um dos expoentes da medicina na França. Tratara durante seis meses um caso de ciática sem sucesso, o referido doente, aconselhado por outras pessoas, procurou Liébeault. Em curtíssimo prazo o paciente voltou a Bernheim, inteiramente livre de seu mal. Este fato despertou a curiosidade. A princípio contrário ao hipnotismo e nem votava qualquer admiração por Liébeault até que resolveu conhecê-lo em 1821, supostamente para tentar desacreditado. Tornou-se, assim, discípulo e amigo inseparável do mesmo. Bernheim foi o primeiro a perceber que o estado hipnótico era normal em todas as pessoas e, principalmente, foi quem definiu os efeitos pós-hipnóticos da sugestão como elemento provocador de ações inconscientes e compulsivas e, propôs aplicar isso como terapia. O prestígio de Bernheim muito contribuiu para que o mundo científico mudasse sua postura diante do hipnotismo e o considerasse como "um estudo em marcha".

Em 1884, os médicos franceses Liébault e Bernheim fundam juntos a Escola de Nancy, que imediatamente faria oposição à Escola de Salpêtriere (Paris), liderada por Charcot, o qual propagava que somente os neuróticos seriam hipnotizáveis. A histeria e a hipnose foram razão da disputa entre Nancy e Salpêtriere. Acusavam Charcot de fazer mal uso da hipnose, já que dela se servia não para fins terapêuticos, senão para provocar crises convulsivas em suas pacientes, manipulando-as de modo a conferir um status de neurose à histeria. A Escola de Nancy propiciou, mundialmente, a mais extraordinária expansão da hipnose.

Charcot

Jean Martin Charcot (1825-1893), médico parisiense, o mais importante e conceituado da época (considerado o criador da neurologia). Em 1862 tornou-se chefe do Hospital de Escola de Salpêtriere.

Pelas mãos de Charcot, a hipnose entrou de maneira solene e oficial no terreno médico quando, em 1882, este apresentou sua proposta à Academia Francesa de Ciências, que em três ocasiões anteriores havia rechaçando-a sobre o nome de magnetismo ou mesmerismo, obtendo um significativo reconhecimento à suas teorias.

Sigmund Freud (1856-1939)

Neurologista austríaco criador da Psicanálise. É conhecido o papel de Freud no que se refere ao abandono da hipnose em sua clínica e as conseqüências daí resultantes, em particular nos meios psicanalíticos da Europa e, alhures, nos profissionais que tinham vínculo intelectual maior com esse continente havia poucas exceções de destaque, tais como a de Pierre Janet, na França, e mesmo no Império Austro-húngaro a de alguns discípulos do próprio Freud. O próprio Jung, em 1905 ao assumir um posto logo abaixo de Bleuler no Burgholzli ministra cursos sobre hipnose. Assim Freud criou a psicanálise e sepultou a hipnose, como método psicoterápico ou via de administração.

A repercussão foi menor na América do Norte, onde a hipnose continuou a ser objeto de séria pesquisa e uso clínico. Depois que Fred rejeitou o hipnotismo em seu método terapêutico (ato este repetido pelas gerações de psicanalistas cujo maior prodígio é perpetuar à risca até os erros de seu mestre), ocorreu um período de relativo esquecimento das atividades hipnóticas por cerca de 30 anos.

Pavlov

O primeiro especialista a estudar a hipnose do ponto de vista neurofisiológico foi o grande fisiologista russo Ivan Petrovich Pavlov. Em suas pesquisas sobre reflexos condicionados, Pavlov descobriu que a hipnose é uma resposta natural do sistema nervoso central para proteger o cérebro de algumas situações em que há excesso de estímulos externos, comum ao homem e aos animais.

Emile Coué - (1857-1926)

Farmacêutico francês, seu nome está associado às pesquisas sobre o "Efeito Placebo", é considerado o pai da auto hipnose. Coué se baseou num fato que ocorreu por acaso: ao administrar um medicamento a um paciente, disse-lhe que era um remédio poderoso recém-chegado de Paris e que, sem dúvida, promoveria a cura — mas o medicamento não tinha essa especificação.

Interessado pela hipnose, ele conclui dessa experiência que "na verdade, não é a sugestão que o hipnotizador faz para realizar qualquer coisa; é a sugestão que é aceita pela mente do paciente. Todas as sugestões efetivas devem ser ou são transformar em auto sugestões." Descobriu, assim, que não era necessário 'hipnotizar" um paciente para induzi-lo a reagir desta ou daquela forma. Bastava "relaxar" o paciente e "fazer a sugestão" com voz firme, decidida, para obter o mesmo resultado. Foi ele quem formulou vários princípios e leis que fundamentam a aplicação e sistematização do processo sugestivo.

Foi no início do século XX que Emile Coué começou a popularizar a auto sugestão consciente. Autor de alguns livros sobre o tema, dois deles, publicados em português, propunha uma auto-hipnose genérica, extremamente simples e, por isso mesmo, muito popular. A frase que se tomou a sua marca registrada foi: *"De dia para dia. em tudo e por tudo, vou cada vez melhor."* Esta frase destinada a ser repetida 20 vezes todas as noites, antes de dormir e logo ao acordar, faz parte do célebre método que ele chamou de "Domínio de si mesmo pela auto sugestão consciente" e começou a popularizar a auto sugestão consciente. Essa frase se tomou muito popular no Brasil, graças a Omar Cardoso, radialista e astrólogo que a utilizava na abertura de seu programa nos anos 70.

MÓDULO III

A prática da hipnose moderna

A partir do ano de 1980, a hipnose tornou-se muito popular devido a uma nova orientação conhecida como Psicoterapia Ericksoniana ou Hipnose Naturalista, fruto do trabalho do médico e psiquiatra americano Milton Hyland Erickson (1901-1980). Dentre as inúmeras contribuições para o campo da Psicologia deixadas por ele, pode-se citar o conceito de utilização da realidade individual do paciente, levando sempre em consideração o indivíduo que está passando pelo processo terapêutico e sua realidade pessoal. Erickson trabalhava em cima do sintoma do paciente, entrando, através de uma hipnose naturalista, na forma em que a pessoa causava o problema a si mesmo.

MÓDULO IV

Níveis de transe hipnótico

Podemos perguntar como se mede a profundidade da hipnose. Bem, não há realmente nenhum meio de medi-la, visto não ser um estado como dormir ou estar acordado. A chamada "profundidade da hipnose" se refere à intensidade, variabilidade e grau de esforço das articulações específicas do pensamento.

Para propósitos práticos, são descritas certas fases de hipnose, mas eles não devem ser considerados como divisões rígidas. E extremamente difícil, se não freqüentemente impossível, dizer exatamente onde uma fase começa ou termina.

Qualquer um com experiência prática considerável de hipnose percebe que as divisões criadas são na verdade arbitrárias e completamente artificiais e, quando muito não são mais que um rude guia para permitir a pessoa julgar a profundidade do transe.

As escolas se caracterizam pelo aparecimento de fenômenos próprios a cada nível, decorrentes das alterações sensoriais, viscerais ou motoras apresentadas. Para efeitos práticos, a maioria dos autores ainda divide a hipnose em graus que podem ser classificados, de um modo geral, em três estágios ou níveis (estados hipnóticos), a saber:

Nível leve - Estado de quase hipnose, similar ao que precede o sono e antecede o despertar. Os fenômenos são de ordem muscular: alterações no tônus, paralisia de membros musculares, contrações, tremores, sensação de leveza e entorpecimento geral dos olhos e membros, alto grau de relaxamento.

Sugestões simples são aceitos prontamente embora o cliente sinta que poderia desobedecer, mas não o faz, oferecendo resistência às sugestões mais complicadas.

Nível médio ou intermediário - Inibição muscular completa a um grau considerável de cansaço e sensação de leveza acentuada.

Freqüentemente, nesta fase, o hipnotizado fica com os olhos entreabertos aparecendo à parte branca inferior da córnea.

A respiração é lenta e regular, as condições atmosféricas parecem elevadas para o frio ou calor.

Nível profundo ou sonambúlico - o cliente comporta-se como um sonâmbulo, a aparência é de um sono profundo.

O cliente comporta-se como se estivesse acordado, mas a expressão e fixa, as pupilas dilatadas, pode apresentar movimentos descontrolados do globo ocular, boca entreaberta e seca.

Apresentará ausência de estímulos convencionais como tato, audição, visão e olfato.

O cliente está sempre ligado e pronto para executar as sugestões do hipnotizador.

Hiper-sensações olfativas, táteis, gustativas e cinestésicas.

Este se recordará de tudo por que se passou, embora ocorra uma espécie de simbiose psíquica entre o hipnotizador e o paciente.

Possibilidade de ocorrência dos fenômenos extra-sensoriais espontâneos ou sugeridos, tais como: clarividência, telepatia, etc.

Auto hipnose - Sugestão hipnótica em benefício próprio dá lugar ao conceito conhecido como auto sugestão ou auto hipnose. A repetição é a mãe da aprendizagem, é importante repetir, por alguns dias, cada passo do método sem aquela pressa desesperada pelo resultado final.

O bom é planejar a melhor hora para praticar, tendo em mente que deve fazê-lo na hora do dia em que você está no seu melhor. Também deve deixar para praticar numa hora em que não será interrompido por outras pessoas. Pelo menos três vezes por semana, as horas indicadas são por meio dia, quando o metabolismo tem seu período de baixa, (antes da refeição), próximo à hora de dormir.

Terapêutica hipnótica - "A hipnose é a habilidade de entrarmos em contato com a nossa capacidade de otimização e criatividade, vencendo nossos limites. A hipnose é a ciência voltada para a expansão do potencial humano" (Brian Weiss).

Hypnos: "Deus do Sono da mitologia".

Therapéutikos: "Cura ou Cuidado".

Hipnoterapia: denominação que deriva da junção das palavras hipnose e terapia em grego.

Hipnoterapia é o cuidado ou cura através da hipnose.

Em geral, os resultados terapêuticos objetivados aparecem depois de 6 a 10 sessões, ampliando — se o intervalo entre as últimas, que são aplicadas apenas como reforço terapêutico.

Uma sessão de hipnose é constituída de alguns tópicos a considerar:

- Uma entrevista (anamnese).

- Estabelecimento do problema.

- Estabelecimento de metas comuns.

- Planejamento da terapia.

- Uma indução ao transe.

- O aprofundamento do transe.

- A obtenção da fenomenologia desejada.

- A saída do estado de transe.

- Acompanhamento.

Contra-indicação

Na remoção de sintomas pura e simplesmente, quando não se sabe a causa de sua ocorrência:

- Quando o estado emocional do paciente não foi determinado.

- Para mulheres grávidas, principalmente nos últimos meses.

- Cardiopatas e hipertensos pelas emoções fortes.

- Homossexuais latentes e psicóticos latentes os mecanismos de defesa são acionados e não se consegue.

"De forma geral, tudo o que se tem dito e escrito a respeito dos perigos da hipnose é um imenso exagero ou pertence ao reino da fantasia. Os efeitos adversos são de curta duração". (Rocchigiani).

Terapia Regressiva/ou Regressão (TR) - O cliente recorda fatos das diversas etapas da vida, durante o transe, o sujeito pode lembrar perfeitamente de detalhes que nem mesmo sabia ter registrado.

Terapia de Vidas Passadas (TVP) - É o pressuposto de que inúmeros problemas psicológicos, psíquicos ou físicos encontram-se associados não apenas às fases pós-natais de desenvolvimento, mas também às etapas que envolvem o nascimento, a vida intra-uterina, o período em que a individualidade permaneceu entre a uma vida física e outra (período entre-vidas) e as experiências vivenciadas pelo ser em outras vidas.

Terapia de Memórias Simbólicas (TMS) - Trata as "lembranças" obtidas pelo método regressivo como um conjunto formado por memórias reais associadas a memórias fantasiosas (falsas recordações), ligadas a desejos inconscientes, projeções semiconscientes.

Na TMS a pessoa tem a oportunidade de re-significar a interpretação dada aos eventos lembrados, podendo posicionar — se no papel de outros "personagens do evento", ou tomar uma atitude, um posicionamento que gostaria de ter tomado diante de uma situação traumática em específico, dando a si mesma uma "nova chance", ainda que apenas virtualmente — as experiências "virtuais" produzindo as esperadas mudanças de atitude, comportamento, rendimento, etc.

MÓDULO V

Introdução

Indução (Exercício de regressão 1)

Comece concentrando-se na sua respiração que vai entrando pelo seu corpo.

A cada inspiração, deixe se aprofundar cada vez mais em um lindo estado de serenidade e relaxamento...

Indo cada vez mais fundo a cada inspiração, concentrando-se na sua respiração. Esta é a chamada respiração "yogue". Uma técnica muito antiga. Indo cada vez mais fundo a cada respiração.

Enquanto respira, relaxe todos os seus músculos e sinta-se aprofundar cada vez mais.

Relaxe os músculos da face e do queixo. Há muita tensão acumulada nesta área. Relaxe todos os músculos do pescoço.

Armazenamos muita ansiedade e tensão nesta região.

Pessoas com dores de cabeça causadas por dores no pescoço costumam acumular muita tensão no pescoço. Relaxe estes músculos completamente e relaxe os músculos dos ombros.

Sinta-os tornarem-se leves, soltos, completamente relaxados.

Pessoas que carregam o peso do mundo nas costas têm muita tensão e retesamento nestes músculos.

Relaxe os músculos dos braços e das costas, dos ombros até os quadris relaxando completamente. Relaxe os músculos da barriga para que sua respiração fique muito relaxada', regular... Cada vez mais profunda.

Finalmente, relaxe os músculos das pernas, soltando todo o seu corpo completamente, desfazendo os nós, indo cada vez mais fundo, relaxando completamente.

Você está indo cada vez mais fundo...

Agora, imagine uma luz entrando pelo alto de sua cabeça e se espalhando suavemente pelo seu corpo, de cima a baixo, penetrando em seu cérebro, em seu sistema nervoso, brilhando intensamente. Você pode escolher a cor ou as cores que quiser. Esta é uma luz poderosa, curativa, e relaxante, ligada ao que está acima de você e à sua volta. E ela flui pelos ossos e músculos do seu rosto em direção ao queixo e a nuca, enquanto você vai cada vez mais fundo.

E ela flui pelo seu pescoço, relaxando todos os músculos e nervos da garganta, suavizando as cordas vocais.

E você vai cada vez mais fundo... E ela flui por seus ombros e por seus braços, curando e relaxando todos os músculos, todos os nervos, cada fibra, cada célula do seu corpo, atingindo suas mãos e seus dedos, enquanto você vai cada vez mais fundo. Ela flui dos ombros para as costas, curando e relaxando os músculos, os nervos e a coluna...

Então ela flui para seu peito, enchendo seus pulmões, banhando lindamente, curando e enchendo seu coração. Curando seu coração. Liberando a linda energia que está guardada em seu coração. Em seu coração bombeia suavemente a luz por cada artéria do seu corpo para que ela o alcance completamente e você se sinta cheio de paz, de profundo relaxamento, serenidade e calma. Concentre-se na minha voz, deixando que os barulhos e distrações que estão à sua volta apenas aprofundem seu estado à medida que vão desaparecendo. A luz fluindo para dentro do seu ventre, enchendo todos os órgãos que ali estão e curando-os e relaxando os nervos e músculos do seu ventre. A luz fluindo por seus quadris e descendo por suas pernas, esta luz linda, curativa, profunda e relaxante, enchendo cada célula, cada fibra do seu corpo com linda calma, libertando seu corpo de todas as doenças e levando saúde para cada tecido, cada célula, cada órgão do seu corpo e a luz chega aos seus pés, aos seus dedos, enchendo seu corpo e você se sente tão em paz, em profunda calma e relaxamento, Deixe-se ir cada vez mais fundo...

Agora, imagine luz envolvendo seu corpo completamente, como se você estivesse dentro de uma bolha de luz. E uma proteção. Nenhum mal pode vir desta luz, só bondade, energia positiva e amorosa. E a luz cura sua pele e seus músculos externos e aprofunda seu estado ainda mais.

Dentro de instantes, eu vou contar de 10 a 1.

A cada número deixe-se ir cada vez mais fundo...

Tão fundo que, quando eu contar 1, você estará em um estado de profunda paz, tranquilidade e relaxamento...

Tão fundo, que sua mente não vai mais estar limitada pelas barreiras do pescoço e do tempo...

Tão fundo, que você pode se lembrar de cada experiência que viveu. Não importa quando... tão fundo, que você experimentar todos os níveis e todas as dimensões do seu ser...

10... 9... 8... Indo cada vez mais fundo a cada número...

7... 6... 5... Mais e mais e mais fundo...

4... 3... tão fundo, tão em paz.com tal relaxamento e calma...

2... quase chegando... e 1... muito bom...

Neste lindo estado de paz e relaxamento... imagine-se, visualize-se descendo uma linda escada, para baixo, para baixo... Cada vez mais fundo para baixo, para baixo...

Cada passo para baixo aumenta o nível de profundidade do seu estado... E quando você chega no final da escada... à sua frente está um jardim maravilhoso, magnífico... um jardim de paz e segurança, serenidade e tranquilidade.

Entre neste jardim...

O jardim está cheio de belas flores, plantas, árvores, gramado, fonte, bancos e lugares para descansar...

Ache um lugar para descansar e solte-se completamente, continuando a se curar, enchendo-se desta linda luz. Seu corpo vai se revigorar, se recuperar, relaxar e rejuvenescer...

Mais tarde, quando você acordar, você vai sentir todo o seu ser maravilhosamente preenchido com uma agradável energia, apesar de estar alerta e com pleno controle do seu corpo e da sua mente. Você se sentirá muito, muito bem, com grande relaxamento e paz.

Os níveis mais profundos de sua mente podem se abrir e você pode se lembrar de tudo...

MÓDULO VI

Exercício de regressão 2

Para mostrar tudo isto... vamos voltar no tempo...

Vamos voltar à sua infância... enquanto você está nesse estado de profundo relaxamento... Paz e calma...

Deixe sua mente mais profunda escolher uma lembrança de infância... se você quiser... pode ser uma lembrança feliz...

Mas você pode escolher... se a qualquer momento sentir desconforto... basta imaginar que está de volta ao jardim, repousando... você pode controlar tudo...

Se quiser... você pode flutuar sobre a cena... observando... à distância... ou você pode ficar nela... sentindo... vendo-a nitidamente... com cores e detalhes... com emoções e sentimentos... é você quem escolhe...

Volte à sua infância... escolha uma lembrança... pode ser uma coisa em que você não tenha pensado ou lembrado durante muitos e muitos anos...

Fique aí por alguns momentos... lembrando vivamente... vendo... sentindo... usando todos os seus sentidos...

Agora vamos recuar ainda mais... para a primeira infância... como um bebê... uma criança, começando a andar... uma criança pequena...

E escolha outra lembrança... e de novo relembre-a vivamente... usando todos os seus sentidos... A vista... A audição o paladar... o tato... o olfato...

Fique aí... sentindo... experimentando...

Lembre-se de que você pode flutuar sobre esta cena... ou, se sentir qualquer desconforto, basta voltar ao jardim...

Não se preocupe em saber se é imaginação... fantasia ou lembrança verdadeira...

Tudo isto vem da sua mente... tudo é importante... tudo vem de você e pode ser uma mistura de todas essas coisas...

Lembre-se... Experimente... vivencie...

Permaneça em estado profundo... E reviva todas essas lembranças...

Não há limite para sua memória...

Você pode recuar no tempo o quanto quiser...

Nesta vida você pode voltar à infância... ao nascimento... pode voltar até para dentro do útero...

Não há nenhum limite e você pode lembrar-se de tudo.

Se você quiser ir mais longe... E... Podemos fazer isto agora...

Imagine agora... que você está de volta ao jardim... E na sua frente há um espelho grande e lindo... Cheio de luz...

E quando você olha neste espelho... você vê os reflexos de muitos, muitos espelhos...

E em cada um desses espelhos... você está numa época diferente... num lugar diferente ou talvez em outra dimensão... talvez em outra vida...

Se você quiser, pode voltar à outra vida e lembrar-se dela agora...

Quando eu contar de 5 a 1... sinta todo o seu ser atraído... puxando para um desses espelhos... um desses reflexos...

Quando olhar para trás... você pode se ver muitos lugares diferentes... outras épocas... Roupas diferentes... você pode parecer muito diferente do que é hoje...

Seu ser será atraído... puxado para um desses espelhos... para uma dessas épocas... Talvez uma época que ajude a explicar ou compreender um problema... um sintoma... um talento... um relacionamento... um hábito... um conhecimento especial... qualquer coisa... sinta seu ser atraído... puxando para um desses espelhos ou para vários desses espelhos...

E quando eu estiver contando de 5 a 1... Entre nesse espelho... Mais uma vez...

Se você sentir qualquer desconforto... flutue sobre a cena e observe-a, como se estivesse assistindo a um filme...

Mas, se quiser, você pode estar dentro, vivenciando sensivelmente...

Enquanto eu for contando... Entre nos espelhos... no reflexo que te puxar...

Para ajudar a compreender e através da compreensão para remover qualquer bloqueio... qualquer obstáculo à sua paz interior e à sua alegria... à sua felicidade interior...

5... 4... 3... entretanto, no espelho... Ele te puxa... 2... quase ultrapassando o espelho... 1... fique aí... se você tem um corpo... olhe para os seus pés e veja o que está usando nos pés... se são sapatos ou sandálias... se são peles de animais... se é couro... ou talvez... Nada... E olhe para o seu corpo... olhe para sua pele ou para suas roupas... suas mãos... O tamanho... A cor...

Você vê prédios? Vê pessoas?... Descubra onde está...

Deixe uma data aparecer em sua mente...

Onde é que você está?

Você pode ir para frente ou para trás no tempo... pode ir até momentos importantes...

Use todo o tempo necessário... E encontre as respostas...

Se você quiser... pode avançar no tempo... E descobrir o que acontece... O que acontece com você... algum acontecimento traumático... alguma cena de morte?

Se você não quiser ver... Não quiser vivenciar... não precisa... basta flutuar sobre a cena... se o seu ser for atraído para mais de uma época... você também pode fazer isto... pode viajar... pode ver mais de uma vida...

Mas, se preferir ficar numa só... E examiná-la melhor... está muito bem... pode fazer isto...

Use todo o tempo de que precisar...

Preste atenção nos detalhes... nas roupas... no cenário... você vai conseguir lembrar de tudo...

Daqui a pouco vai ser hora de voltar...

Imagine que você está terminando e deixando essa época ou essas épocas... voltando ao jardim... onde seu corpo ficou repousando... E se revigorando... se curando... E agora é hora de acordar... E eu vou te acordar contando de 1 a 10...

E quando eu disser 10... você pode abrir os olhos... você estará plenamente alerta... em pleno controle do seu corpo e da sua mente... sentindo-se maravilhosamente bem... sentindo um grande bem-estar, vigor e relaxamento. Seu ser cheio daquela energia maravilhosa...

1... 2... 3... acordando lentamente, sentindo-se muito bem... 4... 5... 6... acordando cada vez mais e sentindo-se alerta, sentindo-se muito bem... 7... 8... quase acordado... 9... 10.

MÓDULO VII

Regressão através do tempo

Enquanto você descansa no jardim, vamos começar nossa viagem ao passado...

Eu vou para determinados períodos épocas importantes da história do planeta...

Imagine, visualize um lindo espelho à sua frente no jardim...

Este espelho reflete todas as suas vidas passadas, todas as suas experiências...

E quando você olha neste espelho pode ver o reflexo de todos esses outros espelhos que se estendem em direção ao passado...

E neste espelho também podem aparecer reflexos de outras dimensões ou de outros universos... à medida que eu for passando por este período, veja se sente uma atração mais forte por alguma imagem ou por algum período...

Se isto acontecer e se você quiser ver com mais detalhes, você pode ver...

Vamos passar brevemente por cada período...

Veja se esteve lá, veja se ele te seduz, te atrai...

A primeira época é o ano de 1850...

Não se preocupe em saber se isso é imaginação, fantasia ou recordação verdadeira...

Isto é para você vivenciar...

Se você olhar no espelho e sentir alguma coisa em relação ao período em torno de 1850, apenas olhe, observe, veja se você gostaria de voltar a ele para vê-lo com maiores detalhes...

O segundo período é o ano de 1700...

Veja se você sente uma atração especial por alguma imagem desta época...

Você sente afinidade com este período?...

Se sentir que isto acontece, você poderá voltar a ele mais tarde...

O próximo período é o ano de 1500...

Veja se você estava lá e, mantendo-se em um estado muito, muito profundo, sinta...

Você sente atração por esta época?... Se quiser, você pode voltar para lá...

O próximo período é ano de 25... uma época muito importante na história do mundo...

Se você esteve lá, veja, sinta, lembre-se...

E o último período é o ano de 500 antes de Cristo...

Você sente atração por esta época?...

Uma época antiga, mais primitiva, mas muito poderosa...

Dentro de alguns instantes, vou contar de 5 a 1 e você vai escolher um desses períodos, o que mais lhe atrair... se nenhum deles te atrair, escolha sua própria época, seu próprio espaço...

Senão, escolha um dos períodos, deixe-se atrair para dentro daquela imagem, daquele período. Enquanto eu contar, vá para aquele período através do espelho, usando todos os seus sentidos... E fique lá... 5... 4... 3... passando pelos espelhos, passando pela luz até aquele período... 2... quase chegando... 1... Bom! Fique lá!...

Se você se vir dentro de um corpo, olhe para seus pés... Veia se está usando sapatos, sandálias, peles, couro, ou talvez... nada...

E olhe para seu corpo, suas roupas, sua pele, suas mãos...

É dia ou noite?... Que cores você vê? Que roupas? Algum outro detalhe? Olhe à sua volta...

Há uma vila? Cidade? Montanhas? Floresta? Qualquer coisa?... Observe e veja.

Tudo que você vivenciar é bom...

Se você sentir alguma ansiedade, flutue sobre a cena, como se estivesse assistindo a um filme... você sempre pode flutuar de volta para o jardim... senão, fique onde está, você pode ir para frente ou para trás no tempo, observando todos os acontecimentos significativos daquele período, encontrando-se, encontrando respostas...

Por que você está aí? Isto explica algum sintoma? Algum talento? Um problema? Um relacionamento na sua vida atual?

Você reconhece alguma das pessoas que estão por perto?

Alguma delas fez a viagem até a época atual com você? Não se preocupe em saber se isto é fantasia, memória verdadeira, ou uma mistura das duas... apenas vivencie...

Se quiser, você pode flutuar até o fim daquela vida e pede observar ou vivenciar a cena da sua morte. Senão, não precisa participar dela...

Enquanto você flutua acima dela, apenas observe...

Agora olhe para trás naquela vida e descubra o que você aprendeu...

Quais foram às lições, o que é que você deveria ter aprendido.

Reveja aquela vida, aprenda com ela e veja como isso pode ser aplicado à sua vida atual...

Antes de voltar, há mais uma viagem...

Imagine que você está flutuando acima da Terra, sobre o planeta... E ele está girando lentamente. Se você alguma vez sentiu uma atração mais forte, um apelo especial por uma região ou lugar, pode ser que já tenha estado lá antes, talvez em um corpo diferente...

Agora você pode ir de novo através do tempo, através do espaço para qualquer ponto que te atraia no planeta... no mundo... qualquer continente, qualquer país, para qualquer lugar pelo qual sinta uma atração, uma afinidade... você pode ir para lá agora, para descobrir a origem dessa afinidade, dessa atração

Veja o mundo girando, sinta o seu próprio ser à medida que eu conto de 5 a 1.

Há um lugar especial que te atrai... vá para lá novamente... vivencie um outro tempo e um outro espaço...

5... 4... 3... 2... 1... fique lá! De novo!

Olhe para seus pés, o que é que você está usando? Como é sua pele... suas mãos... suas roupas?... Olhe em volta... há outras pessoas?... Há alguma coisa que você possa identificar?... Prédios... Construções... A geografia do lugar...

Explore os costumes... as tradições culturais, o modo de viver...

E enquanto você vivencia tudo isto... mantendo-se em um estado profundo...

Você pode novamente mover-se para frente ou para trás no tempo para vivenciar aquilo que pode trazer alguma ajuda... que pode remover qualquer bloqueio ou obstáculo... para que você possa alcançar a paz e a alegria interior...

Isso vai ajudar você a entender e a crescer...

Agora é hora de voltar...

Termine a experiência nesta época, neste lugar... E volte mais uma vez para o jardim onde seu corpo esteve descansando, rejuvenescendo, cheio desta linda energia... sentindo-se muito bem...

1... 2... 3... mais alerta, sentindo-se maravilhosamente bem... 4... 5... 6... Mais e mais alerta, sentindo-se muito bem... 7... 8... quase acordando agora... 9… 10.

SOBRE O COORDENADOR

Rômulo Borges Rodrigues é Escritor, Terapeuta Holístico, Mestre de Reiki, Consultor e Numerólogo.

Trabalha com Reflexologia, Reiki, Massagem, Florais, Aconselhamento Terapêutico, Técnicas de Relaxamento, Hipnose, Regressão, Terapia de Vidas Passadas, Numerologia e ministra cursos online.

Estuda e pesquisa sobre a espiritualidade há mais de vinte anos.

Foi membro da Associação Internacional Amigos da Natureza (AIANATU - SP), na qual fez parte do trabalho de cura espiritual. Foi nessa associação onde alguns de seus dons espirituais foram desarquivados.

Também foi membro da Ordem dos Filhos da Luz (Piracicaba - SP).

Foi integrante da Ordem dos Templários, onde foi dirigente do hospital de cura espiritual de uma das suas sedes.

Atualmente, é coordenador do Projeto Nova Era na cidade de São Paulo, no qual dá palestras e ministra tratamento alternativo utilizando várias técnicas terapêuticas.

Escreve artigos quinzenais para sites e revistas sobre vários temas e é autor das seguintes obras:

- *"Sociedade Hipócrita e Corrupta"*
- *"Planeta Terra em Fase de Transição"*
- *"Arcanjos e Arquétipos"*

• "Guia Prático dos Anjos"

• "REIKI – ENERGIA VITAL UNIVERSAL (Harmonia, Equilíbrio e Cura)"

• "OS FLORAIS DE BACH – Equilíbrio e Harmonia Através das Essências"

•"O PODER DA MENTE – A Chave Para o Desenvolvimento das Potencialidades do Ser Humano"

• "Os Ensinamentos de Siddartha Gautama, o Buda"

•A História do Budismo – Princípios, conceitos, ensinamentos

•Ensaio Sobre o Budismo Tibetano

• "Cuide de Você e Tenha Mais Qualidade de Vida" – Cuidar de si mesmo é imprescindível para se obter uma vida plena e satisfatória (Vols. I, II, III, IV, V, VII, VII, VIII e IX)

• "A Regência Cósmica"

• "Alimentação Saudável = Saúde Perfeita" – O consumo de alimentos adequados proporciona equilíbrio orgânico e psíquico (Vols. I, II, III, IV, V, VII, VII, VIII, IX e X)

• "REFLEXOLOGIA (Massagem Podal) – Equilíbrio e bem-estar através da planta dos pés"

•Guia completo das terapias alternativas

• "A PODEROSA INFLUÊNCIA DOS NÚMEROS SOBRE AS NOSSAS VIDAS – O que a Numerologia revela sobre nosso passado, presente e futuro"

•"Descubra seu potencial, dons e talentos inatos através da Numerologia"

• "HIPNOSE, REGRESSÃO, TERAPIA DE VIDAS PASSADAS – Metodologia, efeitos e benefícios"

• QUALIDADE DE VIDA – Definição e conceitos

• OS MECANISMOS DA MENTE – A sua natureza comportamental

• TRATADO SOBRE AS RELIGIÕES E FILOSOFIAS DE VIDA – Síntese dos sistemas religiosos e correntes filosóficas

•PRINCÍPIOS, FILOSOFIA E METODOLOGIA DA MEDICINA HOLÍSTICA - Os recursos e métodos terapêuticos utilizados nos tratamentos e terapias

•A ANATOMIA SUTIL DO CORPO HUMANO

•OS CHAKRAS

• "CURSO DE FLORAIS"

• "CURSO DE REIKI"

•"CURSO DE NUMEROLOGIA"

•"CURSO DE REFLEXOLOGIA"

•"CURSO DE FENG SHUI"

•"CURSO DE RADIESTESIA"

•"CURSO DE CROMOTERAPIA"

•CURSO DE ÓLEOS ESSENCIAIS

•CURSO DE AROMATERAPIA

- *CURSO DE FITOTERAPIA*
- *CURSO BÁSICO DE MASSOTERAPIA*
- *CURSO DE TERAPIAS INTEGRATIVAS*
- *CURSO DE CRISTAIS*

DESTAQUE

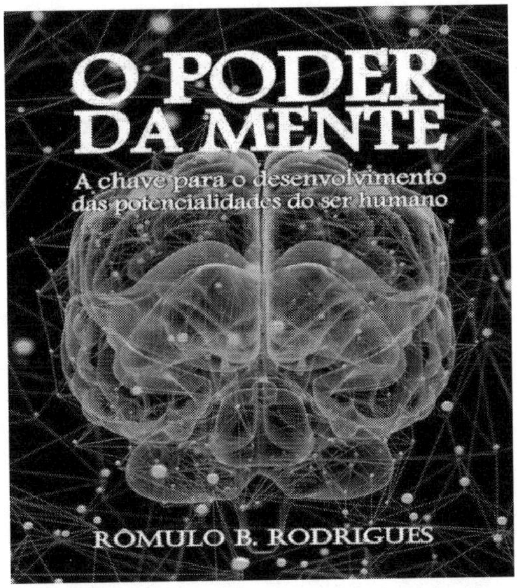

Gênero: Reprogramação mental
Amazon - 146 págs – 14x21
SINOPSE:

Que não usamos plenamente a força que temos em nossa mente, não é novidade pra ninguém. Nosso cérebro e sua capacidade total ainda é um mistério a ser desvendado. Com o passar dos anos e à custa de muitas pesquisas e estudos, aconteceram avanços significativos nesta área. Não são poucas as pessoas que, atualmente, conseguem resultados sensacionais através do amplo domínio que aprenderam a ter sobre aquilo que pensam. Realizar primeiro na cabeça facilita a concretização de planos, sonhos e metas. Há inúmeros casos e exemplos de pessoas que, pelo condicionamento, auto-sugestão, reprogramação, programação neurolinguística, hipnose e outros métodos, conseguiram mudar radicalmente de vida, tanto no âmbito material como no espiritual. A revolução acontece e está ao alcance de todos; ou melhor, de todos que se despem dos preconceitos e se permitem trilhar outros caminhos. Querer é poder, sim; mas antes, é preciso se preparar para a batalha da vida. A vitória há de chegar; mas, para isso, precisamos usar a capacidade mental que temos em nosso favor. O objetivo deste livro é justamente tirar o manto do preconceito que paira sobre temas que podem ser bastante benéficos às pessoas.

ÚLTIMO LANÇAMENTO

Gênero: Psicologia aplicada
Amazon – 263 págs – 14x21
SINOPSE:

A sociedade da época atual está atravessando uma fase sem precedentes na história das sociedades dos séculos pretéritos. A "modernidade" e o avanço tecnológico tem causado profundas alterações no comportamento humano. Alguns dos fatores que têm determinado mudanças no comportamento, são:

- A pressão da mídia para o consumo;
- O estabelecimento de padrões rígidos de beleza e estética;
- A disputa acirrada por status e posição social;
- A busca incessante pelo dinheiro e pelo poder;
- A luta pela sobrevivência;
- Entre outros.

Tais fatores acabam ocasionando uma total inversão de valores, resultando em uma sociedade extremamente individualista. Ou seja, todos os seus membros tornam-se "vítimas de vítimas" do padrão negativo de personalidade e de conduta que a própria sociedade adotou.

OUTRAS OBRAS DO AUTOR

A HISTÓRIA DO BUDISMO

AMAZON

137 págs – 14x21

ALIMENTAÇÃO SAUDÁVEL=SAÚDE PERFEITA-Vol. I

AMAZON

122 págs – 14x21

GUIA PRÁTICO DOS ANJOS

AMAZON

141págs – 14x21

OS CHAKRAS – Centros energéticos do corpo etérico

AMAZON

84 págs – 14x21

CURSO DE CROMOTERAPIA

AMAZON

78 págs – 14X21

ESTUDO SOBRE AS TERAPIAS COMPLEMENTARES

AMAZON

240 págs – 14x21

ROMA ANTIGA – História, cultura, religião e política – Vol. II

AMAZON

395págs – 14x21

CURSO DE TERAPIAS INTEGRATIVAS

AMAZON

192 págs – 14x21

CURSO BÁSICO DE MASSOTERAPIA

AMAZON

80 págs – 14x21

CURSO DE ÓLEOS ESSENCIAIS

AMAZON

82 págs – 14x21

ENSAIO SOBRE O BUDISMO TIBETANO

AMAZON

133 págs – 14x21

CURSO DE AROMATERAPIA

AMAZON

150 págs – 14x21

CURSO DE FITOTERAPIA

AMAZON

80 págs – 14x21

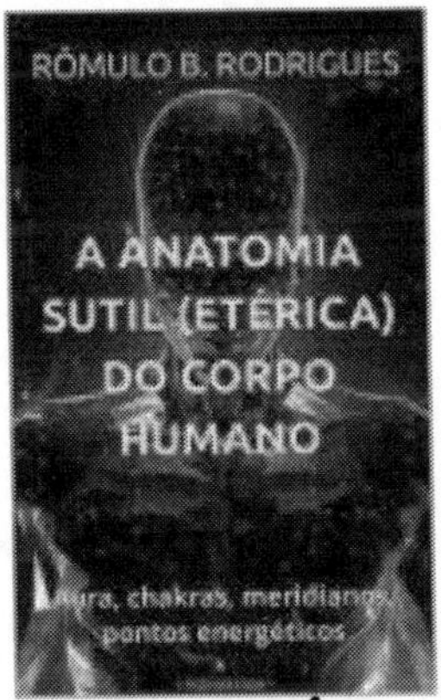

A ANATOMIA SUTIL (ETÉRICA) DO CORPO HUMANO

103 págs – 14x21

OS ENSINAMENTOS DE SIDDHARTA GAUTAMA, O BUDA

AMAZON

97 págs – 14x21

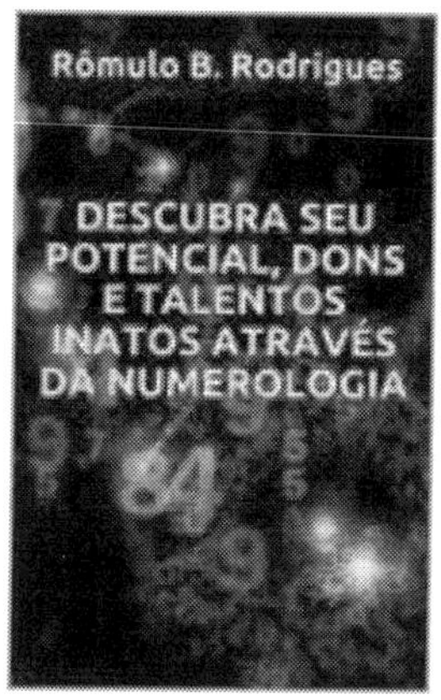

DESCUBRA SEU POTENCIAL, DONS E TALENTOS INATOS

AMAZON

148 págs 14x21

CURSO DE REIKI

AMAZON

58 págs – 14x21

REIKI – ENERGIA VITAL UNIVERSAL

AMAZON

91 págs – 14x21

GUIA COMPLETO DAS TERAPIAS ALTERNATIVAS

AMAZON

254 págs – 14x21

CURSO DE FENG SHUI

AMAZON

96 págs

14x21

O PODER ENERGÉTICO E CURATIVO DAS PEDRAS E DOS CRISTAIS

AMAZON

94 págs – 14x21

PLANETA TERRA EM FASE DE TRANSIÇÃO

AMAZON

135 págs

14x21

CURSO DE NUMEROLOGIA

AMAZON

132 págs -14x21

OS FLORAIS DE BACH

AMAZON

87 págs – 14x21

TRATADO SOBRE AS RELIGIÕES E FILOSOFIAS DE VIDA – Vol. I

AMAZON

300 págs – 14x21

TRATADO SOBRE AS RELIGIÕES E FILOSOFIAS DE VIDA – Vol. II

AMAZON

114 págs – 14x21

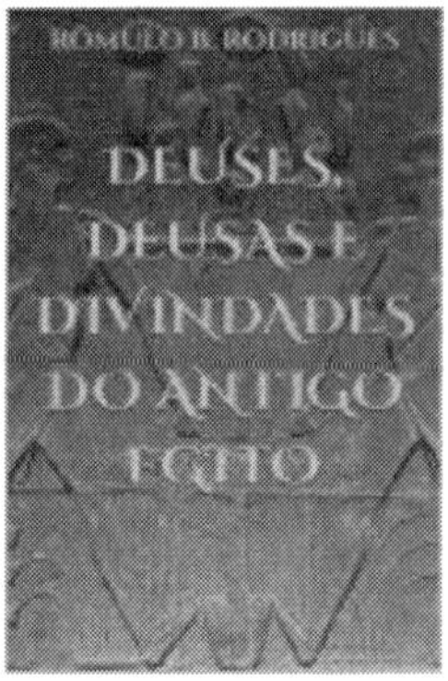

DEUSES, DEUSAS E DIVINDADES DO ANTIGO EGITO

AMAZON

121 págs – 14x21

GRÉCIA ANTIGA

AMAZON

195 págs – 14x21

PRINCÍPIOS, FILOSOFIA E METODOLOGIA DA MEDICINA HOLÍSTICA

AMAZON

247 págs – 14x21

ROMA ANTIGA – História, cultura, religião e política – Vol. II

AMAZON

142 págs – 14x21

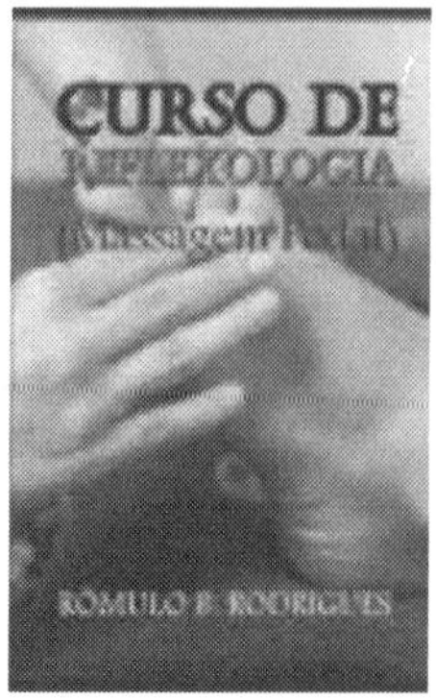

CURSO DE REFLEXOLOGIA

AMAZON

180 págs – 14x21

QUALIDADE DE VIDA – Definições e conceitos

AMAZON

173 págs – 14x21

CURSO DE FLORAIS DE BACH

AMAZON

40 págs – 14x21

CURSO DE CRISTAIS

AMAZON

114 págs – 14x21

PRÉ-EXISTÊNCIA E PÓS-EXISTÊNCIA DA ALMA – Vidas passadas – Vidas futuras

AMAZON

138 págs - 14x21

CURSO DE RADIESTESIA

AMAZON

106 págs – 14x21

Made in the USA
Monee, IL
21 October 2026

66035057R00043